KB203721

지금 여기에서

지금 여기에서

지은이 | 허외숙
펴낸이 | 원성삼
표지 디자인 | 한영애
펴낸곳 | 예영커뮤니케이션
초판 1쇄 발행 | 2024년 1월 31일
등록일 | 1992년 3월 1일 제2-1349호
주소 | 03128 서울특별시 종로구 대학로3길 29, 313호(연지동, 한국교회100주년기념관)
전화 | (02) 766-8931
팩스 | (02) 766-8934
이메일 | jeyoung@chol.com
ISBN 979-11-89887-75-9 (03230)

본 저작물은 저작권법에 의하여 한국 내에서 보호를 받는 저작물이므로
무단 전재와 무단 복제를 금합니다.

값 12,000원

모든 인간은 하나님의 형상을 닮은 존귀한 존재입니다. 사람은 인종, 민족, 피부색,
문화, 언어에 관계없이 모두 다 존귀합니다. 예영커뮤니케이션은 이러한 정신에 근
거해 모든 인간이 존귀한 삶을 사는 데 필요한 지식과 문화를 예수 그리스도의 사랑으로 보급
함으로써 우리가 속한 사회에 기여하고자 합니다.

지금 여기에서

요한과 함께 듣는 예수님 말씀

허외숙

읽고 그리고 쓰다

예영

요한복음, 자주 읽고 설교도 하던 말씀이었는데
어느 날 말씀 한 구절을 여러 번 노트에 적어 보는 동안
여기 나와 우리의 삶의 자리가
요한과 예수님이 함께 거닐던 갈릴리와 예루살렘의 거리로 이어지고,
그곳에서 예수님을 만난 사람들과 하나가 되는 듯한 느낌이 들었습니다.

설교가 아니라 시와 캘리그래피로
말씀 묵상을 해보고 싶다는 마음이 생겼습니다.
그래서 사순절이나 특별한 기도 절기의 묵상이 되도록
요한이 전해주는 복음 이야기 중에서
예수님이 직접 말씀하신 40구절의 말씀을 골랐습니다.

이 묵상에 문학적인 높이, 신학적인 깊이는 없습니다.
신앙과 삶의 넓이도 없습니다.
그저 어제와 오늘, 지금 여기에서 나와 함께해 주시는
예수님의 음성을 듣고 묵상하며 옮겼습니다.
내일도 함께하실 예수님께 기도하는 마음을 담았습니다.

어린이 성경인물 공부『하나님의 사람들』과 교리 공부『믿음의 사람들』,
신앙 위인『복음의 빛이 된 사람들』출판으로
그동안의 어린이 사역을 정리할 수 있어서 감사했습니다.
이제 교사, 학부모, 청소년들과 함께하고자
세상으로 흘러가는 저의 소박하고 진솔한 말씀 묵상이
여러분에게도 같은 울림, 같은 위로가 되기를 빕니다.

허외숙 목사

와서 보라
나를 따르라

요 1:39.43

와서 보라, 나를 따르라
(요 1:39, 43)

일상의 갈릴리바다 위에서
메시아를 구했어요
내 삶을 구원으로 이끄실 분

묵상의 무화과나무 아래에서
선지자를 구했어요
내 영을 진리로 인도하실 분

와서 보라

여기 내 일상의 자리에
지금 내 묵상의 시간에
그분이 찾아오셨어요

나를 따르라

메시아 그리스도
하나님의 아들 이스라엘의 임금
그분과의 동행이 시작되었어요
매일매일 설레는 여행이 시작되었어요

항하리에
물을 채우라

요 2:7

항아리에 물을 채우라
(요 2:7)

빈 항아리를 보고 있어요
여섯 개나 되는군요
오래오래 하나하나 준비했었지만

어느새 비어가는 마음
서서히 낡아가는 몸
사그라져가는 설렘과 열정의 노래
내 삶의 잔치도 끝날 때가 되었나요?
내 사람들은 여전히 애틋하고
다 포기하기엔 아직 아쉬움이 남았는데요

아하! 다행이에요 예수님이 여기 계셨네요
예수님을 내 삶에 초청했었네요
예수님 말씀이 들려오네요

빈 항아리에 물을 채우라
떠서 나누어라
더 향기로운 새 포도주로
더 좋은 기쁨을 누리고 나누어라
진짜 잔치는 이제부터 시작이란다

이 성전을 헐라
내가 사흘 동안에
일으키리라

요 2:19

이 성전을 헐라

(요 2:19)

뭐라구요, 이 성전을 헐라구요
아니, 다른 곳도 아니고 성전인데요
하나님의 집, 예배의 집인데요

얼마나 많은 사람이
얼마나 긴 시간 헌신했고
얼마나 많은 정성을 들였는데요

주님이 아시잖아요
저도 이곳을 얼마나 의지하는지
저도 이곳을 얼마나 사랑하는지

그래, 그래서 헐라고 하는 거야
내가 아니라 이 성전이 높아졌기에
내가 아니라 이 성전을 의지하기에
내가 아니라 이 성전을 사랑하기에

내가 죽고 사흘 만에 부활함 같이
너도 이 성전도 죽고
다시 살아나야 할 것이기에

거듭나지 아니하면
하나님 나라
를 볼수 없느니라

요 3:3

거듭나지 아니하면

(요 3:3)

다시 태어나고 싶어요
온전한 생명을 열망하며
숨 쉼 자체가 감사했던 그 겸손으로

다시 태어나고 싶어요
전적인 도움을 신뢰하며
움직임 자체가 즐거웠던 그 생기로

다시 태어나고 싶어요.
풍성한 내일을 희망하며
꿈꾸는 자체가 행복했던 그 순수로

아바 아버지, 당신의 아들 보내시고
나를 불러 다시 태어나게 하시니
새 이름 주시고
새 옷 입혀주시니

아버지의 나라 어린아이로
영원히 살게 하소서

하나님이 세상을
이처럼 사랑하사
독생자를 주셨으니

요 3:16

하나님이 세상을 이처럼 사랑하사
(요 3:16)

좋구나, 참 좋구나
태초에 하나님이 세상을 만드셨네
사랑한다, 정말 사랑한다
태초부터 하나님은 세상을 사랑하셨네

어둠을 선택한 세상은
그 사랑을 거절하였네
피하고 반항하고
배반하고 떠나서 죽어갔네

사랑한다, 그래도 사랑한다
베들레헴 마굿간에 찾아오셨네
사랑한다, 이렇게 사랑한다
골고다 십자가 위에서 피 흘려 죽으셨네

사랑한다, 죽기까지 사랑한다
오늘도 나를 향해 고백하시네
사랑한다, 영원히 사랑한다
그 사랑으로 빛 속에서 살게 하시네

내가 주는
물을 마시는
자는
영원히
목마르지
아니하리니

요4:14

내가 주는 물을 마시는 자는
(요 4:14)

'우물가의 여인처럼 난 구했네
헛되고 헛된 것들을'
오랜 찬양으로 고백합니다

부질없는 인연의 끈을 부여잡고 살면서
터덜터덜 성문 밖 우물가를 찾았지요
여느 날과 다를 바 없을 줄 알았지요
마셔도 마셔도 목마름은 여전하고
구해도 구해도 빈 마음은 여전할 거 같았지요

그러나 여러분,
오늘은 놀라운 날이에요
들어 보세요
와서 보세요

눈부신 햇살 같은 만남
가슴 뛰는 샘물 같은 대화
물동이를 버려두고 춤추고 싶은 오늘

오늘이 바로
당신과 내가 꿈꾸던 그날이에요

예배하는 자가
영과 진리로
요 4:24

영과 진리로 예배할지니라
(요 4:24)

알파와 오메가!
전에도 계셨고
이제도 계시고
장차 오실 이

할렐루야!
호흡이 있는 자마다
날마다 새 노래로
영광과 존귀와 찬양을 받으실 이

아멘 아멘!
지금 여기에서
마음과 힘과 뜻을 다하여
영과 진리로 예배하오니

마라나타!
다시 오실 그날까지
거룩한 산 제물로
참 예배자로 살게 하소서

네가
낫고자
하느냐

요 5:6

네가 낫고자 하느냐
(요 5:6)

베데스다, 자비의 집 기적의 집
하지만 이곳은 물이 움직이는 한순간
단 한 사람에게만 자비의 집이었어요

여기 누운 채 몇 년이 지났는지도 모르겠군요
처음에 무슨 병으로 찾아왔는지도 잊어버렸네요
어느 순간부터
내 고통의 원인과 치유의 의미는 희미해지고
물에 먼저 들어가는 것이 더 중요해졌어요
물에 들어가는 것 외의 다른 것은 생각하지 않게 되었어요

물만 뚫어지게 바라보면서 원망을 쌓아갔어요
생명의 주인도 몰라보고
내 헛된 목표와 원망과 한탄만 늘어놓았어요
나를 물에 넣어줄 수 있는지만 기대했어요

네가 낫고자 하느냐
오직 그분께 간구해야 했어요
주님, 나를 불쌍히 여기소서
주님, 나를 낫게 하소서

일어나
네자리를 들고
걸어가라

요 5:8

일어나 네 자리를 들고 걸어가라
(요 5:8)

너무 외로워서 눈뜨기 싫은 아침
할 일이 많거나 할 일이 없어서 지루한 오후
그냥 흘러간 하루가 맥빠지는 저녁

오늘이 어제 같고 내일이 오늘 같아서
늘 죄스럽고 불안한 자리
여기서 꼼짝없이 죽을 것만 같은 자리

그곳에서 당신의 눈과 마주칩니다
당신이 말을 걸어주십니다
손을 내밀어 주십니다

보고 싶었어 그동안 많이 애썼지
내 손 잡고 다시 일어나봐
묵은 자리 털고 일어나봐
절망의 자리는 버리고
고통의 자리는 들고 걸어가 봐

굳이 뛰지 않아도
억지로 날지 않아도 돼
그저 나와 같이 천천히 걸어가 보자

듣는 자는
살이나리라

요5:25

듣는 자는 살아나리라

(요 5:25)

태초부터
하나님은 말씀하셨네
말씀으로 우리에게 찾아오셨네

말씀이 우리를 흔들어서
마음 깊은 곳에서 천둥소리가 들리고
떨림과 울림으로 빛이 생길 때
그때
새 하늘과 새 땅이 열리리니

말씀에 우리가 젖고
이웃이 젖고
온 세상이 젖을 때까지

귀 있는 사람은 들으라
귀를 기울여 내 목소리를 들으라
마음 기울여 네 이웃의 목소리를 들으라

듣고 또 들어서
듣는 자가 모두 살아날 때까지

이 성경이 곧
내게 대하여
증언하는 것이니라

요5:39

이 성경이 곧 내게 대하여

(요 5:39)

성경을 펼칠 때마다
새 하루를 여는 설레임
새 사람을 만나는 떨림이 있습니다

날마다 똑같은 하루가 아니듯
장마다 특별한 이야기를 만납니다

사람마다 의미 있는 삶의 이야기를 가지듯
구절마다 소중한 지혜를 만납니다

닦아내듯 영혼의 빛이 밝아지고
모험하듯 천국의 보화를 발견합니다

하나님의 사람으로 자라납니다
하나님의 나라가 자라갑니다

남은 조각을
거두고
버리는 것이
없게하라

요 6:12

남은 조각을 거두고

(요 6:12)

배고플 때는
일용할 양식을 간절히 구했는데
배부를 때는 내 옆의 사람도 보지 못하네요

부족할 때는
작은 것도 소중했는데
풍족할 때는 큰 것도 감사하지 못하네요

약할 때는
모든 순간 하늘을 바라보았는데
강할 때는 나 자신도 의지하네요

그저 주신 은혜
놀랍고 풍성한 축복
가볍게 누리지 말라고
헛되이 쓰고 버리지 말라고

감사하며 하루하루
나누며 평생을
하나님 나라 잔치로 살라 하시네요

내니
두려워하지
말라

요 6:20 절

내니 두려워하지 말라

(요 6:20)

여전히 두려워요
여전히 흔들려요
여전히 무너져요

어둠이 올 때마다
바람이 불 때마다
파도가 칠 때마다

조여드는 가슴
불안한 눈동자
떨리는 목소리

손을 내밀어요, 간절히
잡아주세요, 부디

내 살은 참된
양식이요
내 피는
참된 음료로다

요 6:55

내 살은 참된 양식이오
(요 6:55)

새 날, 새 아침에
거룩한 떡을 받습니다

죽어가던 내 영이
예수님의 몸으로 살아나는
참된 양식이 됩니다

축복의 기도와 함께
거룩한 잔을 받습니다

주홍빛 같은 내 죄가
예수님의 보혈로 깨끗해지는
참된 음료가 됩니다

하루 또 하루
생명의 양식과 잔을 받습니다

만나처럼 하늘에서 내려옵니다
십자가 길을 따라 내려옵니다

너희중에 죄 없는자가
먼저 돌로 치라

요 8:7

너희 중에 죄 없는 자가

(요 8:7)

언젠가 우리는 놀라게 될 거야
세리와 창녀들이 우리보다 먼저
하나님의 나라에
들어간다는 사실을 알 때에

죄를 이기지 못한 연약한 이들
가련한 이들의 부르짖음을
못 견디시는 하나님이시니

마음이 부서지고 몸이 상한 이들을
먼저 구원해 주시는 분이시니

우리 눈에 들보를 두고
우리 입에 독을 품고
우리 손에 돌을 들고 산다면

하나님의 자비를
구하지 못하리
하나님의 은혜를
누리지 못하리

나는 세상의 빛이니

요 8:12

나는 세상의 빛이니
(요 8:12)

선명한 그 음성에
더듬거리던 내 발이 움직였네
따스한 그 손길에
날 때부터 어두운 내 눈을 맡겼네

실로암, 실로암
잊을 수 없는 그곳

눈이 열리고
빛이 들어오고
말씀이 들어오고
비로소 하늘이 열리고
사랑에 눈을 뜨게 되었네

걷는 걸음마다
빛이신 그분을 증거하리라
누구의 죄 때문이냐
수군대던 이들에게
네 눈을 뜨게 한 이가 누구냐
물어보는 이들에게

그가 자기 양의
이름을 각각
불러 인도하여
내느니라.

요10:3

자기 양의 이름을 각각 불러
(요 10:3)

아담, 네가 어디 있느냐
가인, 네 동생이 어디 있느냐
하나님은 당신의 사람들이 죄로 향할 때에
그 이름을 불러 주셨죠

아브람, 내가 네게 지시할 땅으로 가라
모세, 내 백성을 인도하여 내리라
하나님은 당신의 나라를 세우실 때에도
그 이름을 불러 주셨죠

시몬, 네가 나를 사랑하느냐
사울, 너는 택한 나의 그릇이다
하나님은 당신의 사명을 주실 때에도
그 이름을 불러 주셨죠

내 딸아 내 아들아
하나님의 손바닥에 새기신 이름
하늘나라 생명책에 새기신 이름
내 이름도 불러 주셨죠
내 이름이 소중해졌죠

나는
선한목자라
요 10:11

나는 선한 목자라
(요 10:11)

당신의 지팡이만 보아도
나는 안심이 됩니다

당신의 하프 소리만 들어도
나는 행복해집니다

당신의 움직임만 느껴도
나는 따라갈 준비를 합니다

나는 약하고 어리석은
한 마리 양일뿐이지만

내게는 선한 목자 당신이 있으니
나를 위해 죽기까지 하신 그 사랑을 믿으니

날마다
푸른 초장의 축제입니다

이곳이
쉴만한 물가 천국입니다

믿으면 하나님의
영광을
보리라

요 11:40

믿으면 하나님의 영광을 보리라
(요 11:40)

내 헌신과 다른 방식으로
사랑을 표현하는 이를 이해하지 못해서
내가 더 잘하는데, 내가 더 힘든데
투정부렸던 나를 안타까워하신 주님

내 생각과 다른 시간에
응답하시는 그 뜻을 알지 못해서
왜 이리 늦으신지, 왜 이리 무심하신지
원망했던 나를 다독여 주신 주님

내 입의 고백과 같은 크기로
말씀에 순종하는 믿음을 갖지 못해서
이미 다 끝났는데, 이미 문이 닫혔는데
포기했던 나를 깨우쳐 주신 주님

나의 주 나의 하나님은
부활이요 생명이니
믿으면 다시 살리라
믿으면 하나님의 영광을 보리라

나사로야

나오라

요11:43

나사로야, 나오라

(요 11:43)

내 사랑하는 누이들이
내 친구와 이웃들이 돌문을 옮겨 놓습니다

아프다가 죽어 무덤 속에 묻힌다는 건
고단한 삶에서 깊은 잠의 휴식으로 가는 일이며
누구나 가야 하는 마지막 길로만 여겼는데
사랑하는 이들은 나 때문에 울었습니다
아니 남겨진 그들 자신의 삶 때문에 울었습니다
주님도 함께 울었습니다

한순간에 빛이 들어옵니다
새 숨이 들어옵니다
내 이름을 부르시고
나오라고 부르십니다

이 부르심을 따라 돌문을 나설 때
사랑하는 이들과 함께 웃고 울며 살아갈
새로운 삶이 시작될 것입니다
다시는 죽음도 어둠도 눈물도 없을
마지막 부르심을 기다리면서

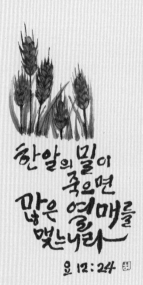

한알의 밀이
죽으면
많은 열매를
맺느니라

요 12 : 24

한 알의 밀이 죽으면
(요 12:24)

기다리기 싫어
지기 싫어
바뀌기 싫어
아프기 싫어

더 빨리 더 높아질 거야
더 가지고 더 강해질 거야
나 혼자 애쓰고 힘써 보지만
어라, 한 알 그대로네

답답해도 괜찮아
실패해도 괜찮아
변화도 괜찮아
고통도 괜찮아

기다리고 또 기다릴 거야
자라고 또 자랄 거야
그저 주님께 맡기고 누리기만
우와, 백 알이나 열렸네

지금 내 마음이
괴로우니
무슨 말을 하리오

요 12:27

지금 내 마음이 괴로우니
(요 12:27)

깊은 밤 홀로 내 마음을 들여다보네
죽음 같은 외로움과 불안과 상처들을 내어보이네
겟세마네 올리브 동산의 예수님처럼

이 땅에 오기까지의 하나님의 계획
이 땅에 오면서부터 짊어진 고통
이 땅을 걸어오는 동안의 무거운 발걸음

지금 내 마음은 외롭고 괴로우나
이 땅 누구도 오롯이 알 수 없으니
오직 당신만이 아시오니

이 잔을 마시지 않아도 된다면
이 잔이 내게서 지나가게 하옵소서

그러나 당신의 뜻이라면
기꺼이 이 잔을 마셔야 하리니
내 사랑과 용기가
이 잔의 고통보다 크게 하옵소서

내가 너희
발을 씻었으니
요 13:14

내가 너희 발을 씻었으니
(요 13:14)

주님이라 부르면서도
그 발에 기름 붓지 못하였고
랍비라 부르면서도
그 발을 씻겨드리지 못하였네

신랑이라 부르면서도
그 발에 입 맞추지 못하였고
친구라 부르면서도
그 발을 닦아드리지 못하였네

그분이 먼저
내 앞에 무릎을 꿇으셨네
내 삶을 씻어주고 닦아주셨네
그 발에 못 박히셨네

이제라도 그 발에 입 맞추고
그 발에 기름 부어 고백하려네
나의 주님 나의 랍비
나의 신랑 나의 친구

너희중
하나가
나를
팔리라

요13:21

너희 중 하나가 나를 팔리라
(요 13:21)

너희 중 하나가
제자 중 하나가
나를 따르던 이 중 하나가
내가 사랑하던 이 중 하나가

목사 중 하나가
장로 중 하나가
성도 중 하나가
우리 중 하나가

그 하나가
바로 나였네

주님을 팔았네
그 마음 아프게 했네
십자가에 못 박았네
내가
내가 내가 …

새 계명을
너희에게 주노니
서로
사랑하라

요 13:34

새 계명을 너희에게 주노니

(요 13:34)

사랑이 행복임을 알면서도
사랑에 서툴러서
사랑을 거절했습니다

사랑에 목말라 하면서도
사랑이 힘들어서
사랑을 멀리했습니다

사랑을 전하면서도
사랑으로 살지 못해
사랑을 가볍게 여겼습니다

사랑이 먼저 가까이 오셨습니다
사랑이 먼저 손 내밀어 씻어주셨습니다
사랑이 먼저 십자가에서 죽으셨습니다

하나님은
사랑이십니다
사랑이 새 계명입니다

내 아버지 집에
거할 곳이 많도다
요 14:2

거할 곳이 많도다
(요 14:2)

여우도 굴이 있고 새도 둥지가 있는데
인자는 이 땅에서 머리 둘 곳이 없구나

주님의 한숨 섞인 목소리를 듣습니다
안쓰러운 어깨를 봅니다
지금 나와 내 곁의 사람들 속에서

나도 그들도 서로의 어깨를 빌려주고
따뜻한 눈빛으로 안아주면 좋으련만
우린 모두 가시를 가지고 있고
우리 사이엔 담이 있습니다

가시를 품을 수 있는 사랑도
담을 넘을 용기도 없는 우리는
그래서 더욱 주님의 약속을 붙잡습니다

거처를 예비하고 있으니 거할 곳 많으니
수고의 짐 내려놓고
내 집 내 품에서 오래오래 쉬려무나

내가곧
길이오
진리오
생명이니

요 14:6

길이요 진리요 생명이니
(요 14:6)

걸어오던 내 길이
어느 순간 뚝 끊어져 버리고
깊고 어두운 낭떠러지 앞에서
두려움과 공포로 멈춰 섰을 때
뒤돌아서고 싶을 때
바로 그때

길이신 주님께서 나타나십니다
쿠오바디스 도미네 …
주여 어디로 가시나이까?
베드로처럼, 그 뒤를 따를 것처럼 물어보지만
실상은 나의 길을 묻고 있었죠
내가 가야 할 길, 내가 가고 싶은 길

길이신 주님께서 말씀하십니다
자기 십자가를 지고 나를 따르라
베드로처럼, 제자처럼 걸어가야겠죠
진리와 생명에 이르는 십자가의 길
내가 원치 않는 길, 피하고 싶은 길

내 이름으로
무엇이든지
내게 구하면
내가 행하리라

요 14:14

내 이름으로 무엇이든지

(요 14:14)

아바 아버지!
진심으로 사랑 담아 불러보고 싶어요
반짝반짝 어린아이의 눈빛으로 바라보고 싶어요
설렘과 무한신뢰 담긴 목소리로 불러보고 싶어요

아바 아버지!
진심으로 평안한 쉼 누리고 싶어요
연약한 내 모습 그대로 그 품에 안기고 싶어요
무거운 짐 다 내려놓고 그 집에서 살고 싶어요

아바 아버지!
예수님의 이름 의지하여
지금 여기에서 아버지의 이름을 부를 때에
지금 여기에서 천국을 누릴 수 있으리니

아바 아버지!
그 품에 안으셔서
내 눈길 받아주세요
내 목소리 들어주세요

나는
포도나무요
너희는
가지라

요15:5 [印]

나는 포도나무요

(요 15:5)

열매 없이 마른 나무도
잎만 무성한 나무도
들포도를 맺는 나무도
농부 하나님 탄식 받으리

그분의 생명에서 떠나있기에
그분의 기대에서 멀어졌기에

그가 내 안에
내가 그 안에 사는
황홀한 하나 됨
신비한 생명 안에 살아간다면

사랑 희락 화평
오래 참음 자비 양선
충성 온유 절제의 포도송이
알알이 맺으리

농부 하나님
함박웃음 지으리

우리와 같이 그들도
하나가
되게 하옵소서

요 17:11

하나가 되게 하옵소서
(요 17:11)

혼자는 힘들어하면서도
우리가 되기는 더 힘든 바보들
위로와 평안이 간절하면서도
시기와 불평이 더 익숙한 바보들

주님의 마음을 안타깝게 하는
이 바보들을 위해
마지막까지 기도하셨으니
지금도 중보하시오니

먼저 손 내밀 수 있는 용기
손잡을 수 있는 용기를 주세요
서로 안아주고 품어주는 사랑
안길 수 있는 사랑을 주세요

분홍빛 하늘빛 어우러진
6월의 수국 꽃송이처럼
동글동글 빛나는 하나님의 나라
만들어 가게요

내가
그니라~

요 18:5.8 허

내가 그니라

(요 18:5, 8)

나는 아니오
나는 절대 모르오
나는 맹세코 아니오
베드로처럼
나도 때를 따라 부인하였네

이 정도는 괜찮겠지
이 일은 이해해 주시겠지
이때만 피하면 되겠지 하며

이젠 나도 예수님처럼
분명한 선포를 하여야겠네
내가 그니라
내가 그니라
내가 바로 너희가 찾던 그니라

이 믿음이 나를 살게 했고
이 사랑이 나를 행복하게 했고
이 소망이 나를 이기게 했다고

칼을
칼집에
꽂으라

요18:11

칼을 칼집에 꽂으라

(요 18:11)

내게도 하나쯤은
휘두를 수 있는 칼이 있다고 생각했어요
나도 나름은
주님을 도울 수 있다고 생각했어요

깊은 기도로 닦은 영성도 없이
넓게 생각할 지혜도 없이
하나님의 뜻도 알지 못하는 어리석음으로

내 작은 칼 하나 믿고 잘난 척 살았고
내 서투른 칼 휘두르며
잘하는 척 살았지요

하나님 나라로 향하는 그 길에서는
하나님의 뜻이 아니라면
하나님의 방법이 아니라면
단호한 그 목소리를 들어야 했어요

칼을 칼집에 꽂으라!
이것까지 참으라!

보소서 아들이니이다—
보라 네 어머니라

요 19 : 26. 27 印

보라, 네 어머니라

(요 19:27)

어머니, 당신의 이름을 부르면
언제나 가슴이 조여듭니다
온전한 순종으로 생명을 잉태하시고
성실의 손길로 자라남을 도우시고
인내의 눈길로 내 모든 나그네 길을 지켜보신
어머니 나의 어머니

어머니의 눈길과 손길이 있어
이 땅에서의 삶이 외롭지 않았습니다
어머니의 기도가 있어
내 사명의 삶도 힘들지 않았습니다
어머니의 눈물이 있어
내 죽음조차도 두렵지 않습니다

이제 세상의 모든 아들 딸들이
십자가 아래 다시 태어나서
하나님을 아버지라 부르게 되리니
당신도 크게 기뻐하시리라 믿습니다
가나의 혼인 잔치에서
물이 포도주가 되던 그때처럼

내가
목마르다

요 19:28

내가 목마르다
(요 19:28)

사랑에 목말라 본 적 있는가?
의에 목말라 본 적 있는가?
구원에 목말라 본 적 있는가?

죄와 어둠으로 교만해진 세상 때문에
메마르고 거친 영혼으로
죽어가는 줄도 모르는 우리 때문에
그럼에도 사랑하기 때문에
오직 사랑 때문에

예수님 눈물 흘리셨네
목말라 하셨네
애타게 소리치셨네
찢어지는 휘장처럼 죽으셨네

그 눈물로 아직도 기도하고 계시네
그 목마름으로 아직도 기다리고 계시네
그 외침으로 아직도 오라 하시네
그 죽음으로
아직도 심판의 때를 늦추고 계시네

다
이루었다
요19:30

다 이루었다

(요 19:30)

진리보다 불의가 강해 보이고
선보다 악이 승리하는 듯한 그날에
어둠이 빛보다 짙어 보이고
죽음이 생명을 이기는 듯한 그곳에서

이마 위엔 붉은 핏방울이 반짝이고
옆구리의 피와 물은
낮은 곳으로 흐르고 흘러
손과 발은 검붉은 피로 물들었는데

엘리 엘리 나의 하나님 나의 하나님
어찌하여 나를 버리시나이까?
목마르게 외치던 음성도
얕은 신음으로 잦아드는데

다 이루었다!
어린 양의 혼인잔치가 예비되었다 선포하시니
어느 날, 어느 곳에서 나도 조용히 읊조리며
신랑 되신 예수님 만나러 갈 수 있을까요?
다 이루었다고

어찌하여 울며
누구를 찾느냐

요20:15

어찌하여 울며 누구를 찾느냐

(요 20:15)

왜 그리 허망하게 가셨는지
왜 나는 그저 바라만 보고 있어야 했는지
그 죽음보다 어두운 절망감을 떨치고
새벽 미명의 길을 걸어왔습니다.

하지만 아무것도 보이지 않네요
아무것도 할 수가 없네요
꾹꾹 울음을 삼키며
빈 무덤을 향하여 앉아 있습니다

어찌하여 우느냐?
누구를 찾느냐?

내 곁에 찾아오신 주님 목소리에
아침 햇살에 눈뜬 나팔꽃처럼
눈물범벅 함박웃음으로
인생 최고의 뜀박질로 달려갑니다.

예수님이 부활하셨어요!
예수님이 살아계셔요!

너희에게
평강이
있을지어다

요 20:19

평강이 있을지어다

(요 20:19)

봄이 왔으나 봄을 느낄 수 없었지요
사랑이 왔으나 사랑을 느낄 수 없었지요

옛사람 못 버린 채 주님을 따르느라고
내 뜻 내 길 고집하며 기도하느라고
위선과 오만으로 일하는 척하느라고
비판과 분노만으로 세상을 보느라고
자기 연민과 좌절로 움츠려 있느라고

문을 닫고, 귀를 막고
눈을 감고 있었지요

봄 햇살 같은 미소로
닫힌 문을 지나오신 주님
봄바람 같은 목소리로
막힌 귀에 축복을 전하신 주님

그 햇살 그 바람에 실려
얼어붙은 거리거리마다 전하고 싶어요
샬롬! 평강을 빕니다!

성령을
받으라
요20:22

성령을 받으라
(요 20:22)

성령을 받으라
나의 바람 나의 불
나의 심장을 받으라

돌처럼
단단하고 차가운
너희의 심장을 버리고

나의 심장을 받아서
성령의 사람이 되어라
두근거리는 나의 심장으로
뜨겁게 살아라

성령이 오셨네 성령이 오셨네
우리 인생 가운데 성령이 오셨네
찬양하며 살아라

예루살렘과 사마리아와 땅끝까지
증인되어 살아라

그물을 배오른편에
던지라

요21:6

그물을 배 오른편에 던지라
(요 21:6)

말씀하신 대로 이루어집니다
순종하는 대로 이루어집니다

그물을 던지고
식사를 나누는 일상에서도
작은 자 하나에게 전하는
물 한잔에서도
말씀을 듣고 나누는
물고기 두 마리와 보리떡 다섯 개에서도

우리의 믿음이
빛이 되거나 소금이 되거나

우리의 사랑이
향기가 되거나 편지가 되거나

네가
나를
사랑 하느냐

요21:16

네가 나를 사랑하느냐
(요 21:16)

주님, 제가 여기 있습니다
제가 주님을 사랑합니다

말로는 주님을 사랑한다고 하면서도
제 영혼 부패하여 썩는 줄도 모르고 살다가
주님을 거슬러 살다가
여기까지 왔습니다

이 절망의 바닷가에
다시 찾아오셔서
다시 먹여 주시고
다시 손 내밀어 주시니

제가 주님을 사랑합니다
제가 주님을 사랑하는 줄 주님이 아십니다

지금 여기에서 주님과 동행하는
매일의 고백이 되게 하소서
가장 소박했던 첫 고백이자
가장 진실한 마지막 기도가 되게 하소서